ATELIER

A. CABANEL

1889

ATELIER

A. CABANEL

1889

PARIS. — IMPRIMERIE DE L'ART
E. MÉNARD ET Cie, 41, RUE DE LA VICTOIRE, 41

CATALOGUE

DE

TABLEAUX

Aquarelles et Dessins

PROVENANT DE L'ATELIER

ALEXANDRE CABANEL

Précédé d'une Notice

PAR

HENRY FOUQUIER

PARIS

—

1889

— La vente de l'atelier d'Alexandre Cabanel s'est terminée hier. La dernière vacation a produit environ 65,000 francs.

Signalons, parmi les enchères d'hier, la réduction du tableau du musée d'Anvers : *Cléopâtre essayant des poisons sur des prisonniers condamnés à mort pour choisir celui qui la ferait le moins souffrir*, a obtenu le prix de la demande, 20,000 francs, et a été adjugé à miss Kibby. *Vie de saint Louis*, réduction de la décoration faite pour le Panthéon, a été racheté au prix de 10,000 francs par M. Barthélemy Cabanel. *Judith*, tableau resté inachevé par suite de la mort de Cabanel, 5,000 francs à M. Marquet. *Vénus victorieuse tenant à la main la pomme d'or qu'elle a reçue du berger Pâris*, tableau important, mesurant 1 m. 46 en hauteur sur 96 centimètres en largeur, sur une demande de 8,000 francs, a été racheté 5,000 francs par M. Barthélemy Cabanel.

Toute la vente qui comprenait 653 numéros a produit 141,000 francs. Etant donnés les prix auxquels se vendaient les œuvres de Cabanel et malgré les enchères relativement élevées obtenues hier, cette vente a été loin de donner ce qu'on en attendait.

On a eu tort, à notre avis, de ne vendre les œuvres importantes que dans la dernière vacation ; si on les avait adjugées le premier jour, il est certain que les prix importants auraient fait vendre les dessins dans de bien meilleures conditions.

Au cours de la vente, l'expert a annoncé que plusieurs tableaux, catalogués comme étant de l'artiste et portant sa signature estampillée, n'étaient pas de Cabanel, entre autres le n° 4, *Aglaé et Boniface* ; le n° 19, *Mort de Moïse*, dont le catalogue donnait dix lignes de désignation et qui était annoncé comme une répétition du dernier envoi de Rome, appartenant au musée de Washington, et le n° 29, le *Paradis perdu*, donné comme une réduction du tableau appartenant au musée de Munich.

Il semble qu'on aurait pu se renseigner avant la rédaction du catalogue.

— Hier a commencé à la galerie de la rue de Sèze la vente de l'atelier d'Alexandre Cabanel.

La première vacation a produit 56,467 fr. Signalons parmi les principales enchères : *Première Extase de saint Jean-Baptiste*, tableau du Salon de 1873, adjugé 12,500 fr. sur une demande de 5,000 francs. Les deux esquisses de deux portraits du fondateur et de la fondatrice de l'Œuvre des petites-sœurs des pauvres, qui obtinrent un si grand succès au Salon de 1888, ont été vendues 10,000 fr. sur une demande de 4,000 fr. Ces deux esquisses mesuraient trente-cinq centimètres de haut sur vingt-six de large ; portrait de M. Armand, demande 2,000 fr., adjugé 4,000 fr. Le *Triomphe de Flore*, demande 2,500 fr., vendu 3,000 fr.; *Jeune Pifferaro couché sur un mur*, demande 3,000 fr., adjugé 2,000 fr.; *Thamar et Absalon*, réduction du tableau du Luxembourg, demande 1,000 fr., vendu 2,000 fr.; *Saint Louis et son chapelain*, étude pour la *Vie de saint Louis*, demande 2,000 fr., payé 3,000 francs.

La dernière œuvre de Cabanel, la *Tragédie*, esquisse peu faite, sur une demande de 2,000 fr., a été adjugée 1,050 fr.

Les dessins se sont moins bien vendus : aucun de ceux compris dans la vacation d'hier n'a dépassé l'enchère de 150 francs.

mines d'or, d'argent, de charbon, de plomb, de cuivre et de fer qui abondent en Perse.

En outre, un groupe de capitalistes anglais, étroitement associé au baron Reuter, a reçu le monopole de l'exploitation et de la décortication des bois de noyer et des bois qui croissent en épaisses plantations dans la province caspienne et dont les ébénistes européens recherchent fort les produits pour l'industrie d'art.

Pour rétablir l'équilibre, M. Poliakof, sujet russe, entrepreneur de la construction du tronçon du chemin de fer russo-perse Téhéran-Shah-Adul-Azim, solliciterait, avec l'appui du gouvernement et particulièrement du prince Dolgorouki, le ministre du tsar auprès du shah, la concession d'une banque à Tebriz.

Il est à croire que, pendant le séjour de

FEUILLETON DU « TEMPS »

20 fr. 16 26, Paris 81 18; escompte 1 3/4.

Londres. — Marché calme. Consolidés, 99 3/16; Unifiée, 92 3/8; Russe 1873, 103 »/»; Extérieure, 76 7/16; Rio, 11 3/8; de Beers, 15 3/4; Escompte hors banque, 1 5/8.

Berlin. — Marché calme. Rouble, 217 1/4; Russe, 1880, 94 25; Unifiée 93 90; Hongrois or, 88 50; Italien, 97 60.

Gênes. — Marché calme. Italien, 98 30; Méridionaux, 792.

INFORMATIONS FINANCIÈRES

On nous dit que M. Joubert aurait donné sa démission de président du comité parisien de la Compagnie des chemins de fer autrichien, et qu'il serait remplacé dans ces fonctions par M. Ch. Mallet. M. Joubert resterait président du conseil général de la compagnie.

Le bilan de la Banque présente les variations suivantes pour la semaine comprise entre le 16 et le 23 mai :

A l'actif, le portefeuille de Paris passe de 489 mil-

Auxonne, où son patron l'a accusé de détournements. Pastré proteste du reste vivement contre cette allégation et produit un certificat émanant de ce pharmacien.

Il s'explique ensuite sur son arrivée au Havre

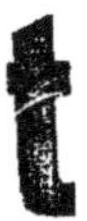

VENTE

Les 22, 23, 24 et 25 Mai 1889

A DEUX HEURES

8, rue de Sèze, 8

GALERIE GEORGES PETIT

COMMISSAIRES-PRISEURS

Me MAURICE DELESTRE
27, rue Drouot, 27

Me PAUL CHEVALLIER
10, rue Grange-Batelière, 10

EXPERT

M. GEORGES PETIT

10, rue Godot-de-Mauroy, 10

Chez lesquels se trouve le Catalogue

EXPOSITIONS

8, RUE DE SÈZE, 8

PARTICULIÈRE : *Le Lundi 20 Mai* | PUBLIQUE : *Le Mardi 21 Mai*

DE UNE HEURE A SIX HEURES

CONDITIONS DE LA VENTE

La vente sera faite *expressément* au comptant.

Les acquéreurs payeront, en sus des adjudications, *cinq pour cent* applicables aux frais de la vente.

NOTA

Les Tableaux, Études, Dessins, etc., non signés par le maître, ont été marqués, suivant leur dimension, de l'une des estampilles ci-dessous :

ALEX·CABANEL.

PRÉFACE

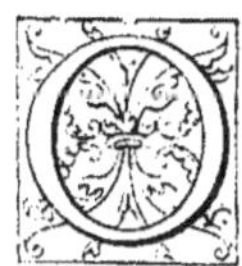

On a souvent et éloquemment exprimé le sentiment de mélancolie qu'inspire aux amis, aux élèves, aux admirateurs d'un maître mort, la visite à son atelier, désormais silencieux et désert. Plus que les autres hommes, les artistes, peintres ou sculpteurs, restent enfermés chez eux, et le souvenir les évoque volontiers dans leur atelier, au travail. Mais le pieux pèlerinage à la demeure du peintre disparu n'est pas seulement un hommage que lui rendent ceux qui l'ont le plus particulièrement connu, apprécié et aimé : il est une nécessité pour qui veut porter un jugement équitable sur son œuvre, en retrouver et en faire l'histoire, en pénétrer l'esprit et en retrouver l'inspiration. Car l'atelier, avec les œuvres faites et achevées, garde les œuvres du début, les esquisses, les projets, les reproductions et les variantes, et le trésor des études et des dessins. Quand on met en vente, comme pour Alexandre Cabanel, cet ensemble varié de toiles et de crayons, ce n'est pas seulement le talent du peintre qu'affirme une fois de plus cette réunion d'œuvres si dignes d'admiration. Elle nous donne le secret de ce talent : elle nous révèle la conscience artistique du maître. Et les tristesses de la vente après décès, dispersant ce qui restait de la vie du mort, concentré dans l'atelier où il avait vécu, sont compensées et consolées par la leçon utile et par l'apologie glorieuse qui sortent de cette Exposition dernière.

Toute la carrière, si noblement laborieuse, d'A. Cabanel se retrouve dans l'Exposition d'aujourd'hui, précédant la vente de demain. On peut le prendre sur les bancs de l'École et le suivre jusqu'au fauteuil de l'Institut. Fils d'un commerçant estimé de Montpellier, A. Cabanel était né peintre. A onze ans, il était entré à l'École de dessin, et, à treize, il était en état d'enseigner à ses camarades ! A quinze ans, lauréat d'un concours de sa ville natale, il venait à Paris, où il étudiait sous la sévère discipline de Picot, aidé aussi des conseils de Devéria, son petit parent. Encore à l'École, il envoyait au Salon un *Christ au Jardin des Oliviers*, que la ville de Montpellier achetait. En 1845, il obtenait le prix de Rome, dans des conditions toutes particulières. Bénouville était son concurrent, et la commission trouva tant de mérites aux œuvres des deux rivaux qu'elle fit demander par Raoul Rochette, secrétaire de l'Académie, une double pension.

Nous retrouvons ici, à l'état de projets achevés ou plutôt de reproductions, les principaux envois de Cabanel pendant son séjour à l'Académie de Rome. C'est le *Martyr chrétien*, que possède le Musée de Carcassonne, remarquable déjà par la belle ordonnance particulière à l'artiste et par des études où la réalité la plus directement empruntée à l'étude sur nature s'allie au goût sévère du style. C'est encore l'*Oreste au temple*, inspiré d'Eschyle ;

l'Ange déchu, où se trouve le reflet de l'impression profonde causée sur l'artiste par la largeur de dessin et la simplicité d'exécution des fresques vaticanes ; le *Saint Jean-Baptiste prêchant*, que l'État acheta pour le Musée de Montpellier ; *Respha protégeant les corps de ses fils suppliciés*, grande composition, très dramatique, que nous avons, dans la vente actuelle, à l'état de dessin curieusement relevé. C'est encore un *Saint Paul au milieu des fidèles de Césarée*, d'un arrangement savant, et surtout *la Mort de Moïse*, qui se trouve à Washington, œuvre considérable, exécutée à Florence, où vit le souvenir de Raphael et celui des classiques florentins, si près de la nature. La révolution de 1848 avait, en effet, chassé Cabanel de Rome ; et ce fut certainement un bonheur pour le peintre qui, à l'admiration de la grandeur du style romain, joignit bientôt avec sa singulière faculté d'assimilation, le goût de l'élégance florentine.

Quelque tentation qu'on en puisse avoir, il ne m'est pas permis de suivre ici, en son développement immense, l'œuvre entier de Cabanel. Je dois me restreindre aux œuvres mises en vente, à celles dont les esquisses et les études sont offertes au public. C'est d'abord une réduction achevée du *Paradis perdu*. Commandé à Cabanel pour le roi de Bavière, le tableau est au Palais de Munich, dans des proportions colossales, quinze mètres sur treize. La reproduction est assez grande pour qu'on puisse y apprécier encore le superbe caractère décoratif de l'œuvre. Ève, appuyée sur Adam, se cache contre la poitrine du père des hommes, accablé lui-même par le remords de la faute. Ce groupe a un aspect sculptural, qui s'allie pourtant avec l'exécution toujours souple et très poussée de Cabanel. Son arrangement, la façon dont les sentiments des personnages s'expriment par leur attitude, sont une trouvaille du peintre, trouvaille précédée de longues et consciencieuses études, car nous avons sous les yeux plus d'une figure d'Ève et d'Adam destinée à ce tableau. La figure de Jéhovah, par contre, est assez directement empruntée aux souvenirs classiques. Elle rappelle *la Vision d'Ézéchiel*, d'un si admirable style.

Dans les arts comme dans les lettres, certains esprits, assez semblables à l'origine, ayant passé par la même éducation, arrivent, à des intervalles éloignés et sans avoir songé à s'imiter entre eux, à suivre les mêmes évolutions, à avoir des préoccupations très semblables. Je ne puis étudier l'œuvre de Cabanel sans songer à Ingres. Comme celui-ci, dans sa peinture d'histoire, Cabanel a abordé la peinture religieuse, l'étude du nu mythologique et les sujets du Moyen-Age ou de la Renaissance, chers aux romantiques; et, comme Ingres, c'est dans les deux premiers genres que Cabanel excelle surtout.

Ce n'est pas que les tableaux de genre historique que nous avons sous les yeux, le *Richelieu et Louis XIII*, du Luxembourg, la *Ginevra*, la *Françoise de Rimini*, la *Peste de Rome*, l'*Hamlet* (resté en projet) ne soient d'un vif intérêt. Loin de là. Ces toiles montrent la souplesse du talent de Cabanel. Quand il a voulu dramatiser son dessin, dont la qualité maitresse est, d'ordinaire, l'ordonnance, l'élégance et la précision, il y a réussi. Sa couleur même, dans ces toiles très particulières, prend le prestige et l'enveloppement des maitres romantiques. Le *Louis XIII et le Richelieu* est plein de vigueur et d'accent. Regardez les fabriques, le décor de *Ginevra*, et, comme dans l'*Hamlet*, vous y trouverez l'impression dramatique d'un milieu que l'artifice du peintre fait, pour ainsi dire, vivant, afin de l'associer à l'action qu'il a choisie pour sujet. Dans cette ex ursion de Cabanel à travers un ordre d'idées qui ne lui était pas habituel, je trouve la marque de la souplesse de son talent, de l'ouverture de son esprit, et aussi de cette tolérance, de cet éclectisme — qui n'est que l'amour du beau sous toutes ses formes — qui furent le principe même de son enseignement. Car on a remarqué à bon droit que Cabanel, maître classique, n'avait jamais gêné les élèves sortis de son atelier dans la recherche qu'ils pouvaient faire de ces formules nouvelles, où les surprises du pittoresque l'emportent sur la sévérité du style et le charme de la couleur sur la solidité du dessin. Il laissait chacun suivre sa nature : et lui-même, on le voit aujourd'hui, se plaisait à mettre le pied sur d'autres routes que celles où il avait accoutumé. Il le faisait avec intérêt et succès. Mais on peut dire — comme pour Ingres — que c'est surtout l'histoire religieuse et la mythologie où sa maîtrise se déployait le mieux.

Nous trouvons, ici, parmi les tableaux religieux, des œuvres de première importance, reproductions ou esquisses, reproductions surtout, car Cabanel ne se contentait pas d'*à peu près*. *Tobie et Sarah*, qui appartient à M. Mackay, est une œuvre inspirée par un sentiment exalté de piété et d'idéalisme religieux. Les jeunes mariés bibliques passent en prières la nuit de leurs noces. Cabanel a exprimé avec une rare poésie ce mysticisme des temps héroïques de la foi. Je ne sais quelles étaient les croyances du peintre ; mais il avait, à coup sûr, l'intuition des sentiments pieux. On en trouve l'expression encore dans l'*Aglaé et Boniface*, appartenant à M. Péreire, tableau qui évoque le souvenir du *Saint Augustin et sainte Monique* de Scheffer et peut lutter avec lui, surtout si on compare l'exécution, bien plus serrée chez Cabanel. Il paraît que la tête de Boniface est un portrait, celui de M. T. Robert-Fleury. Mais ceci ne fait que montrer avec quelle conscience Cabanel appuyait toujours, dans ses œuvres composées, la recherche de l'expression sur le fond solide de l'étude d'après nature. Citons encore, dans le même ordre d'idées, le pendant du *Tobie*, la *Rébecca*, appartenant à M. Mackay, œuvre achevée, d'une belle ordonnance, comme les aimait le Poussin, alors qu'il traduisait les légendes bibliques : *Tamar et Absalon*, remarquable par la recherche du pittoresque ; une belle *Judith*, esquisse dramatique et puissante, et, surtout, le grand *Saint Jean-Baptiste*, auquel il faut revenir, comme à un des morceaux de peinture religieuse les plus parfaits de cette Exposition, un de ceux où la tradition classique se laisse le mieux voir, mêlée à l'originalité du peintre, qu'elle règle sans la détruire.

La peinture religieuse est moins en faveur aujourd'hui qu'autrefois, et l'on a coutume de dire qu'elle est inférieure, chez nous, à la peinture religieuse de la Renaissance. J'ose dire, laissant de côté les mérites de l'exécution — quelque importance qu'ils aient, dans un tel débat — que la peinture est, chez les maîtres contemporains, supérieure par le sentiment religieux. Il faut bien reconnaître que, depuis les primitifs et à de rares exceptions près, ce sentiment est absent des œuvres de la Renaissance, le catholicisme ayant été pénétré à fond par l'esprit retrouvé du paganisme. Cet esprit païen, ce culte de la forme et de la beauté, cette grâce dans l'expression des sentiments humains, nous les plaçons aujourd'hui, avec plus de raison, dans les peintures mythologiques. Elles sont nombreuses dans l'œuvre de Cabanel, et nous en avons ici de tout à fait remarquables et précieuses. Dans ce genre de peintures, l'artiste a sacrifié, sans l'oublier tout à fait, la sévérité classique de son dessin ; et si, en outre de la nature, toujours vivante devant lui, il s'inspire d'un souvenir, on peut penser que c'est du souvenir de la belle école française de sculpture qui semble avoir pris pour règle le vers du poète :

Et la grâce, plus belle encore que la beauté.

C'est une grâce exquise, exprimée à la fois par les finesses du dessin et les caresses du pinceau, abordant les tonalités les plus claires et les plus douces, que nous trouvons dans *la Nymphe et le Faune*, morceau capital du Musée d'Amiens ; dans la *Vénus*, un des derniers tableaux exposés par Cabanel ; dans *la Naissance de Vénus*, qui est au Luxembourg. A ces œuvres connues et dès longtemps estimées, on doit joindre *la Source*, morceau très important, l'*Eve* et *la Madeleine*, qui rentrent dans le sentiment païen par le nu, compositions étudiées avec une rare conscience. Quelques-unes de ces reproductions et études sont traitées en grisaille, dans un beau ton de camaïeu. Elles nous montrent que Cabanel ne dessinait pas par le trait seul, mais bien avec la couleur, car le modelé par le clair-obscur est poussé, dans ces grisailles, aussi loin que possible et se montre d'une rare perfection. Ce modelé des dessous donne son beau caractère de vérité choisie — car c'est là Cabanel tout entier : choisir en restant vrai — à la réduction de *la Cléopâtre* d'Anvers, toile qui, à la belle exécution, ajoute l'intérêt d'une curieuse restitution archéologique et d'un drame très bien exprimé. Cléopâtre, en effet, nous est montrée au moment où elle essaie l'effet du poison sur ses captifs, et on voit bien qu'elle ne pense qu'à ses douleurs, méprisant l'agonie des esclaves qui succombent devant elle !

L'atelier de Cabanel, au moment où la mort est venue le frapper, contenait quelques portraits sur le chantier, entre autres celui de Mme la comtesse Kesler et le portrait, achevé et définitif, de l'architecte, M. Armand, œuvre magistrale. J'ai remarqué aussi une esquisse du portrait du comte R., dans la manière précise et serrée des dessins de Heim. Malheureusement, ces portraits ne sont pas destinés à être mis en vente, pas plus que les portraits de famille, nombreux, que le maitre exécuta pour les siens. La réputation, on peut dire la gloire légitime, de Cabanel comme peintre de portraits est universelle et indiscutée. Hommes célèbres, femmes remarquables par la beauté ou l'élégance, ont tenu à honneur de lui servir de modèles. La collection complète de ses portraits, de ses portraits de femmes surtout, formerait un des plus beaux ensembles qu'il soit donné à un artiste de réunir.

Mais c'est à tort, je crois, que, tout en rangeant Cabanel parmi les premiers peintres de portraits de notre temps, on voudrait faire de lui le peintre presque exclusif de la beauté féminine et, particulièrement, de la beauté mondaine et un peu apprêtée. Certainement, il excellait dans les portraits de femmes en toilettes d'apparat et les élégances du monde n'ont pas eu d'interprète plus distingué que lui. Suivant une louable pratique, il exposait à chaque Salon et, depuis 1855, il n'est pas d'année, pour ainsi dire, où l'on n'ait admiré quelque portrait de femme sortant de son atelier. Les plus connus et les plus célèbres sont ceux — je cite au hasard de ma mémoire — de Mistress Cutting, des comtesses Fleury, Mercy-d'Argenteau et Clermont-Tonnerre, de Mmes J. Péreire, H. Couve, de Ganay, Rodocanachi, Hervé, Mackay, de Mme de Vallombreusa, et les derniers qu'il exposa au Salon, Mme Van Loon et Mlle Leiter. Ces femmes, quelques-unes belles, toutes élégantes, sont peintes par l'artiste en toilettes de combat, pourrait-on dire, décolletées et revêtues d'étoffes brillantes, traitées avec une exquise souplesse de pinceau. Mais, dans cette nature choisie et interprétée, on retrouvera la nature en ce qu'elle a d'essentiel, le modèle en ses traits caractéristiques. Ce n'est point la femme flattée au détriment de la vérité : c'est la femme surprise en son meilleur jour de beauté, dans l'ajustement qui lui sied le mieux. Rien de plus légitime que ce choix de l'artiste entre les aspects divers du modèle, divers surtout quand il s'agit de jolies femmes. Mais le succès qu'obtinrent ces toiles ne doit pas nous rendre injustes envers les portraits d'hommes, où Cabanel a montré une grande maîtrise. On connaît ceux de Napoléon III, de M. Rouher, de V. Massé, de Bruyas, le collectionneur de Montpellier, ceux de ses neveux, P. Cabanel et Paul Saint-Pierre, celui du frère de Cabanel, de M. Philippe Gille, un de ses plus beaux portraits d'homme, et le sien propre, qui se trouve au palais des Uffizi, à Florence, dans cette salle unique où sont rassemblés les portraits des peintres célèbres peints par eux-mêmes. Dans l'atelier de l'artiste se trouve encore le portrait de M. Armand, d'une construction admirable et d'une sévérité d'exécution vraiment hors ligne : et, dans la vente prochaine, nous reverrons les études, fort loin poussées quoique en des toiles de petite dimension, de ces deux portraits, justement célèbres, du fondateur et de la fondatrice des Petites Sœurs des Pauvres, chefs-d'œuvre de précision à la fois et de sentiment.

Malgré ce travail incessant auquel l'astreignait sa renommée de peintre de portraits qui, de son retour de l'École de Rome au jour de sa mort n'avait fait que grandir, Cabanel était trop artiste pour ne pas chercher son propre plaisir dans l'exécution de quelque grande œuvre de peinture murale et décorative. Il en acheva plusieurs, dont nous retrouvons ici les cartons et les réductions, qui ont une importance exceptionnelle. C'est, d'abord, une figure de la tragédie, destinée à illustrer un livre édité par Hachette, mais qui, par le style, mérite d'être considérée comme une figure décorative de fresque. Puis une frise et un triptyque, nous donnant dans son ensemble la décoration du Panthéon, exécutée en 1878. La frise représente *Saint Louis nu-pieds, portant la couronne d'épines*, suivi, en une sorte de procession du plus bel aspect, des principaux personnages de son temps. Le triptyque exécuté au-dessous de cette frise est formé de trois sujets, dont le principal, celui du milieu, est divisé lui-même en deux parties :

il représente ***Saint Louis rendant la justice***, d'une façon à la fois réelle et symbolique, les principales idées abstraites que le peintre a groupées étant exprimées par des personnages humains. Les compositions de droite et de gauche nous montrent Blanche de Castille présidant à l'éducation de son fils et Saint Louis prisonnier en Palestine, alors que les musulmans eux-mêmes, touchés de son courage et de sa vertu, lui offrent de le reconnaître pour roi.

Le talent de Cabanel, qui se montre dans ces compositions qui exigèrent trois ans de travail, sous le plus bel aspect classique et sévère, nous apparait tout autre dans la décoration de l'hôtel Péreire. Il y peignit un plafond, des pendentifs, représentant *les Cinq Sens*, et six panneaux, *les **Heures***. Ce qui éclate surtout ici, c'est le pittoresque et la grâce. Gautier loua à la fois l'ingéniosité du peintre et la fraicheur éclatante de son coloris. Il n'y a qu'à souscrire à ce jugement d'un maitre de la critique. Les mêmes mérites se retrouvent dans la décoration de l'hôtel de la place Vendôme, alors habité par M. Constant Say. Ces mérites sont poussés à leur limite dernière dans la décoration du pavillon de Flore. Par la noblesse de l'ordonnance, cette décoration rappelle les belles fresques des palais romains et, par la souplesse délicate de l'exécution, l'art français si charmant dont les sculpteurs du xviiie siècle, mieux encore que les peintres, nous ont laissé tant de chefs-d'œuvre. Cabanel avait encore peint, pour l'ancien Hôtel de Ville de Paris, toute une série de compositions qui mirent le sceau à sa réputation de maitre décorateur. Cette belle œuvre a péri. Mais sa destruction ne donne que plus de prix aux cartons qui subsistent dans son atelier, formant une suite de douze admirables dessins.

Comme la décoration de Sainte-Geneviève, la décoration du pavillon de Flore, commencée avant la Commune, détruite dans l'incendie des Tuileries et reprise ensuite, exigea plusieurs années de travail. Cabanel mettait en pratique, plus qu'aucun autre artiste, cette parole d'Ingres, que le dessin est la conscience du peintre. Il n'abordait jamais une composition sans une série d'études, peintes ou dessinées, et toujours poussées à fond. Aussi avons-nous ici sous les yeux de véritables trésors et des toiles et des dessins où nous retrouvons Cabanel tout entier en face de la nature, qu'il s'agisse d'études d'animaux (chameaux, moutons) pour sa *Rébecca,* d'études d'Arabes pour ses toiles bibliques, de figures historiques pour son ***Saint Louis,*** ou de figures nues, presque toutes admirables, pour *le Paradis perdu* et ses grandes compositions mythologiques. Le portefeuille de ses dessins est d'une incomparable richesse. Ceux mêmes qui ont parfois reproché au maître un soin excessif d'arrangement trouvent ici, comme qualité maîtresse de ses crayons, une simplicité et une sûreté qui ne sont le fait que des grands artistes, parmi lesquels Cabanel a sa place marquée dans l'histoire de notre art contemporain.

Henry Fouquier.

DÉSIGNATION

TABLEAUX

1 — *Cléopâtre essayant des poisons sur des prisonniers condamnés à mort, pour choisir celui qui la ferait le moins souffrir.*

Réduction du tableau du Musée d'Anvers.

Signé et daté 1887.

Haut., 85 cent.; larg., 1 m. 45 cent.

2 — *Première Extase de saint Jean-Baptiste.*

Signé et daté 1872.

Salon de 1873.

Haut., 1 m. 25 cent.; larg., 90 cent.

3 — *Le Triomphe de Flore.*

« Elle est escortée par la jeunesse, dont la farandole se perd dans l'infini. »

Réduction du plafond du grand escalier du Pavillon de Flore.

Ovale. Haut., 1 m. 10 cent.; larg., 65 cent.

4 — *Aglaé et Boniface.*

Réduction.

Ovale. Haut., 60 cent.; larg., 65 cent.

5 — *Jeune Pifferaro couché sur un mur.*

Signé et daté 1871.

Haut., 57 cent.; larg., 72 cent.

6 — *Jeune Bretonne appuyée sur son bâton.*

Haut., 75 cent.; larg., 53 cent.

7 — *Vie de saint Louis.*

Réduction de la décoration faite pour le Panthéon.

(1878). Peintures du transept de gauche de Sainte-Geneviève (Panthéon), représentant les principaux sujets de la vie de Louis IX, roi de France : elles occupent quatre entre-colonnements, dont les deux du milieu forment un seul grand tableau symbolique, représentant saint Louis rendant la justice. Il est entouré de personnages distingués par leurs talents et leurs vertus; sur les degrés de son trône un coupable comparaît devant lui, cachant son visage, tandis que ses proches implorent sa grâce. Au premier plan, à gauche, au milieu d'un groupe d'artisans, Étienne Boileau, prévôt de Paris, préside à l'abolition des combats judiciaires, réconcilie les adversaires, pendant qu'un homme d'armes repousse le bourreau qui s'apprêtait à exécuter l'épreuve barbare du feu. L'orpheline, assise sur la première marche de l'estrade, symbolise les misères secourues par le saint roi; elle se rattache au groupe du milieu du tableau, où la Foi chrétienne est représentée par une famille éplorée, accompagnant une jeune malade couchée sur une civière, et qui n'espère plus qu'en la vue du Roi pour en obtenir la guérison. A droite, un groupe de *chevaliers aveugles*, conduits par un enfant, rappelle la fondation de l'hospice des Quinze-Vingts. Au premier plan, l'abbé Robert de Sorbon explique à de jeunes écoliers les Statuts de l'établissement qui porte son nom; plus loin, on voit les *Corporations des Métiers de Paris* avec leurs bannières; ces scènes diverses dans lesquelles se résume l'œuvre de saint Louis, se passent dans la Sainte-Chapelle, qu'il avait fait construire.

Le tableau qui remplit l'entre-colonnement de gauche représente la reine Blanche de Castille, présidant à l'éducation de son fils; elle est entourée de prélats et de savants, Jourdain de Saxe et Vincent de Beauvais, qui l'assistent de leurs lumières.

L'entre-colonnement de droite nous montre saint Louis prisonnier en Palestine. On le voit sur le seuil de sa tente, malade, appuyé sur son chapelain, Henri de Marbont; des Sarrasins, l'épée teinte du sang de leur Soudan, qu'ils ont massacré, arrivent en foule et lui offrent les insignes de la souveraineté.

(1879). La frise qui règne sur toute l'étendue des quatre entre-colonnements représente saint Louis, nu-pieds, portant la couronne d'épines. Il est sous un dais supporté par quatre diacres; devant lui s'avancent processionnellement les personnages de distinction de toutes les conditions. On voit d'abord Beaudouin de Courtenay, Thibaud de Champagne, les trois princes frères du roi : Alphonse, comte de Poitou; Robert, comte d'Artois, et Charles, comte d'Anjou; puis les dignitaires ecclésiastiques : Guillaume d'Auvergne; évêque de Paris; Albéric Cornut, évêque de Chartres; Bernard, évêque d'Auxerre; le cardinal légat; ensuite les érudits et théologiens de divers ordres : André de Lonjumeau; Jacques, prieur de Constantinople; Alexandre de Halès; le jurisconsulte Pierre Fontaine, qui s'entretient avec Étienne Boileau et Geoffroy de Vilette, enfin des chevaliers et d'hommes d'armes : Gaucher, de la maison de Châtillon, qui se distingua en Terre-Sainte; Hugues, comte de Saint-Paul, son oncle Hugues, duc de Bourgogne, etc., etc.

Haut., 1 m. 56 cent.; larg., 2 m. 56 cent.

8 — *Vénus victorieuse tenant à la main la pomme d'or qu'elle a reçue du berger Pâris.*

Signé et daté 1875.

Haut., 1 m. 46 cent.; larg., 96 cent.

DERNIÈRE ŒUVRE DU MAITRE

9 — *La Tragédie.*

Tableau qui a servi d'étude pour une composition dessinée, destinée à figurer en tête d'un chapitre de *l'Art poétique*, de Boileau.

Signé et daté 1888.

Haut., 41 cent.; larg., 29 cent.

10 — *Ben-Raba, prisonnier arabe, à l'île Sainte-Marguerite, près Cannes.*

Fait en 1870.

Haut., 65 cent.; larg., 38 cent.

11 — *Respha protège de l'atteinte des vautours les corps de ses fils, suppliciés sur une montagne.*

Troisième envoi de Rome.

Daté 1848.

Peinture à l'essence.

Haut., 52 cent.; larg., 78 cent.

12 — *Judith.*

Tableau resté inachevé par suite de la mort du maître.

Haut., 1 m. 55 cent.; larg., 1 m. 3 cent.

13 — *Enfant en prière.*

Fait en 1870.

Haut., 55 cent.; larg., 46 cent.

14 — *Rébecca et Éliézer.*

« Elle lui dit : Je vous donnerai à boire, et je donnerai à boire à vos chameaux. »

Esquisse.

Haut., 36 cent.; larg., 56 cent.

15 — *Marie-Madeleine.*

Haut., 55 cent.; larg., 36 cent.

16 — *Ginevra dei Amieri.*

« Ginevra dei Amieri, sortie péniblement, la nuit, du caveau où elle avait été mise, revient à la porte de sa maison, où veille encore son mari, qui lui dit : Va, pauvre âme, on dira des prières pour toi. »

Esquisse.

Haut., 73 cent.; larg., 52 cent.

17 — *Une Vénitienne.*

Étude.

Haut., 73 cent.; larg., 54 cent.

18 — *Sarah, femme de Tobie.*

Étude.

Haut., 36 cent.; larg., 44 cent.

19 — *Mort de Moïse.*

« Moïse monta sur le mont Nébo, et le Seigneur lui fit voir de là tout le pays de Galaad jusqu'à Ségor. Le Seigneur lui dit : « Voilà le pays pour lequel j'ai fait « serment à Abraham, à Isaac et à Jacob, en leur disant : « Je donnerai ce pays à votre postérité. Vous l'avez vu « de vos yeux, et vous n'y passerez point ». Moïse, serviteur du Seigneur, mourut ainsi, en ce même lieu, par le commandement du Seigneur.

Répétition du dernier envoi de Rome (1851).
L'original appartient au Musée de Washington.

Haut., 1 m. 38 cent ; larg., 2 mètres.

20 — *Esquisse pour le portrait du comte R...*

Haut., 62 cent.; larg., 42 cent.

21 — *Portrait de M. Armand.*

Haut., 24 cent.; larg., 20 cent.

22 — *La Naissance de Vénus.*

Grisaille.

Haut., 40 cent.; larg., 60 cent.

23 — *Françoise de Rimini.*

Réduction du tableau du Luxembourg, actuellement au Musée d'Amiens.

Haut., 25 cent.; larg., 38 cent.

24 — *Scène d'une épidémie à Rome.*

Haut., 29 cent.; larg., 47 cent.

25 — *Tamar et Absalon.*

Réduction du tableau du Luxembourg.

Haut., 26 cent.; larg., 35 cent.

26 — *Femme de la Brigue, environs de Cannes.*

Signé et daté 1870.

Haut., 64 cent.; larg., 54 cent.

27 — *Tête de moine.*

Haut., 44 cent.; larg., 37 cent.

28 — *Cléopâtre.*

Esquisse.

Haut., 27 cent.; larg., 42 cent.

29 — *Le Paradis perdu.*

Réduction du tableau appartenant au Musée de Munich.

Haut., 1 m. 20 cent.; larg., 90 cent.

30 — *Tête d'ange*.

Haut., 45 cent.; larg., 38 cent.

31 — *Le Paradis perdu.*

Étude.

Haut., 59 cent.; larg., 44 cent.

32 — *Adam.*

Étude pour le tableau *le Paradis perdu.*

Haut., 92 cent.; larg., 73 cent.

33 — *Ève.*

Étude pour le tableau *le Paradis perdu.*

Haut., 98 cent.; larg., 1 m. 30 cent.

34 — *Ève.*

Étude pour le même tableau.

Haut., 65 cent.; larg., 81 cent.

35 — *Adam.*

Étude pour le même tableau.

Haut., 81 cent.; larg., 65 cent.

36 — *Le Père Éternel.*

Étude pour le tableau *le Paradis perdu.*

Haut., 48 cent.; larg., 35 cent

37 — *Adam.*

Tête d'étude pour le même tableau.

Haut., 56 cent.; larg., 81 cent.

38 — *Esquisse du portrait du Fondateur de l'Œuvre des Petites Sœurs des Pauvres.*

Haut., 35 cent.; larg., 26 cent.

39 — *Esquisse du portrait de la Fondatrice de l'Œuvre des Petites Sœurs des Pauvres.*

Haut., 35 cent.; larg., 26 cent.

40 — *Lucrèce et Sextus Tarquin.*

Haut., 61 cent.; larg., 49 cent.

41 — *Étude pour le plafond du Pavillon de Flore.*

Haut., 69 cent.; larg., 59 cent.

42 — *Étude pour le plafond du Pavillon de Flore.*

Haut., 45 cent.; larg., 53 cent.

43 — *Arabe.*

Étude mi-corps pour l'*Absalon.*

Haut., 65 cent.; larg., 54 cent.

44 — *Esquisse pour le plafond de l'hôtel de M. Say.*

Haut., 50 cent : larg., 60 cent.

45 — *Esquisse pour le plafond de l'hôtel de Mme Péreire.*

Haut., 30 cent.: larg., 34 cent.

46 — *Les Heures.*

Projet de décoration pour l'hôtel de Mme Péreire

Six panneaux dans un cadre.

Chaque panneau : Haut., 32 cent.: larg., 12 cent.

47 — *La Musique et la Déclamation.*

Études pour la décoration de l'hôtel Péreire.

Deux médaillons ovales.

Chaque médaillon : Haut., 18 cent.: larg., 13 cent.

48 — *La Danse et la Poésie légère.*

Études pour la décoration de l'hôtel Péreire.

Deux médaillons ovales.

Chaque médaillon : Haut., 18 cent.; larg., 13 cent.

49 — *Tête d'étude pour la Vie de saint Louis.*

Haut., 32 cent.; larg., 24 cent.

50 — *Saint Louis et son chapelain.*

Étude pour *la Vie de saint Louis.*

Haut., 80 cent.; larg., 60 cent.

51 — *L'Épreuve.*

Étude pour *la Vie de saint Louis.* (Panthéon.)

Haut., 95 cent.; larg., 69 cent.

52 — *Cinq études sur la même toile.*

Pour *la Vie de saint Louis.* (Panthéon.)

Haut., 1 mètre; larg., 73 cent.

53 — *Homme d'armes.*

Étude pour *la Vie de saint Louis.*

Haut., 55 cent.; larg., 45 cent.

54 — *Trois études sur la même toile.*

Pour *la Vie de saint Louis.*

Haut., 55 cent.; larg., 45 cent.

55 — *Trois études sur la même toile.*

Pour *la Vie de saint Louis.*

Haut., 49 cent.; larg., 37 cent.

56 — *Tête de Vieillard.*

Étude pour *la Vie de saint Louis.*

Bois. Haut., 43 cent.; larg., 30 cent.

57 — *Tobie.*

Étude.

Haut., 60 cent.; larg., 43 cent.

58 — *La Source.*

Grisaille.

Haut., 1 m. 30 cent.; larg., 98 cent.

59 — *Femme mérovingienne.*

Haut., 73 cent.; larg., 54 cent.

60 — *Esquisse de femme mérovingienne.*

Bois. Haut., 40 cent.; larg., 28 cent.

61 — *Tête d'Arabe.*

Étude pour *la Vie de saint Louis.*

Haut., 46 cent.; larg., 38 cent.

62 — *Ébauche en grisaille pour le portrait de la princesse de S...*

Haut., 1 m. 30 cent.; larg., 98 cent.

63 — *Étude de moutons.*

Haut., 41 cent.; larg., 26 cent.

64 — *Étude de chameaux pour le tableau : Rébecca et Éliézer.*

Haut., 40 cent.; larg., 27 cent.

65 — *Étude de chameaux.*

Haut., 40 cent.; larg., 27 cent.

66 — *Étude de chameaux.*

Haut., 40 cent.; larg., 27 cent.

67 — *La Nymphe enlevée.*

Esquisse.

Haut., 40 cent.; larg., 24 cent.

68 — *Saint Paul au milieu des fidèles de Césarée.*

Daté Rome, 1849.

Haut., 73 cent.; larg., 95 cent.

69 — *Oreste suppliant au temple d'Apollon.*

Premier envoi de Rome (1846).

Haut., 2 m. 20 cent.; larg., 2 m. 35 cent.

70 — *L'Ange déchu.*

Deuxième envoi de Rome (1847).

Haut., 1 m. 18 cent.; larg., 1 m. 87 cent.

71 — *Étude pour le plafond de l'hôtel de M. Say.*

Haut., 45 cent.; larg., 36 cent.

72 — *Rêverie.*

Forme ronde. Diam., 34 cent.

73 — *Tête d'étude.*

Haut., 60 cent.; larg., 49 cent.

74 — *Tête d'étude.*

Haut., 54 cent.; larg., 45 cent.

75 — *Tête d'étude pour le tableau : Saint Louis, du Luxembourg.*

Haut., 55 cent.; larg., 45 cent.

76 — *Les Fantômes.*

Esquisse.

Haut., 33 cent.; larg., 19 cent.

77 — *Orphée.*

Haut., 55 cent.; larg., 36 cent.

78 — *Hamlet.*

Haut., 1 m. 5 cent.; larg., 72 cent.

79 — *Une Italienne.*

Haut., 1 m. 22 cent.; larg., 85 cent.

80 — *Vénus et Amour.*

Haut., 32 cent.; larg., 28 cent.

81 — *Esquisse du tableau : Saint Jean-Baptiste.*

Musée de Montpellier.

Haut., 24 cent.; larg., 17 cent.

82 — *Esquisse pour le tableau : le Christ au Prétoire.*

Prix de Rome (1845).

Haut., 25 cent.; larg., 20 cent.

83 — *Tête de paysanne.*

Étude.

Haut., 44 cent.; larg., 34 cent.

84 — *Tête d'ange.*

Étude.

Haut., 73 cent.; larg., 55 cent.

85 — *Tête d'étude pour le tableau : Saint Louis, du Luxembourg.*

Haut., 45 cent.; larg., 38 cent.

86 — *Martyr chrétien.*

Musée de Carcassonne.
Esquisse.

Haut., 44 cent.; larg., 32 cent.

87 — *Œdipe.*

Étude.

Haut., 43 cent.; larg., 33 cent.

88 — *Étude de paysage.*

Haut., 27 cent.; larg., 40 cent.

89 — *Étude de paysage. (Château d'Alco.)*

Haut., 27 cent.; larg., 40 cent.

90 — *Étude de paysage. (Château d'Alco.)*

Haut., 15 cent.; larg., 25 cent.

91 — *Étude de paysage. (Château d'Alco.)*

Haut., 15 cent.; larg., 25 cent.

92 — *Étude de paysage. (Château d'Alco.)*

Haut., 15 cent.; larg., 25 cent.

93 — *Étude de paysage du Midi.*

Haut., 23 cent.; larg., 31 cent.

94 — *Souvenir d'Italie.*

Paysage.

Haut., 26 cent.; larg., 34 cent.

95 — *Étude de paysage.*

Haut., 14 cent.; larg., 24 cent.

96 — *Souvenir d'Italie.*

Paysage.

Haut., 25 cent.; larg., 34 cent.

97 — *Campagne aux environs de Rome.*

Haut., 57 cent.; larg., 43 cent.

98 — *Paysage; Sous bois.*

Haut., 57 cent.; larg., 43 cent.

99 — *La Terrasse.*

Paysage.

Haut., 39 cent.; larg., 59 cent.

100 — *Banc de pierre. (Château d'Alco.)*

Haut., 32 cent.; larg., 61 cent.

101 — *Plage : soleil couchant.*

Haut., 26 cent.; larg., 42 cent.

102 — *Marine.*

Haut., 22 cent.; larg., 38 cent.

103 — *Falaise.*

Haut., 24 cent.; larg., 40 cent.

104 — *Marée basse.*

Haut., 23 cent.; larg., 31 cent.

105 — *Pleine Mer.*

Haut., 22 cent.; larg., 36 cent.

106 — *Étude de paysage.*

Pour le tableau *Ophélie.*

Haut., 30 cent.; larg., 46 cent.

107 — *Tête de nègre.*

Étude.

Haut., 24 cent.; larg., 17 cent.

108 — *La Misère.*

Haut., 16 cent.; larg., 11 cent.

109 — *Louis XIII et Richelieu.*

Esquisse du tableau qui est au Palais du Sénat.

Haut., 31 cent.; larg., 1 m. 16 cent.

110 — *Tête d'étude.*

Haut., 45 cent.; larg., 35 cent.

DESSINS

111 à 173 — Soixante-deux dessins.

Études pour la décoration du Panthéon : *Vie de saint Louis* (Panneaux d'entre-colonnement.)

Chacun de ces dessins sera vendu séparément.

174 à 189 — Douze dessins.

Études pour la décoration du Panthéon : *Vie de saint Louis.*

Chacun de ces dessins sera vendu séparément.

189 à 232 — Quarante-quatre dessins.

Pour la décoration du Panthéon : *Vie de saint Louis.* (Frise.)

Chacun de ces dessins sera vendu séparément.

233 à 247 — Quatorze dessins.

Études pour la décoration du Panthéon : *Vie de saint Louis.* (Entre-colonnement de droite : *la Captivité.*)

Chacun de ces dessins sera vendu séparément.

248 à 254 — Six dessins.

Études pour la décoration du Panthéon : *Vie de saint Louis.* (Entre-colonnement de gauche : *l'Éducation.*)

Chacun de ces dessins sera vendu separément.

255 à 268 — Quatorze dessins.

Études pour le tableau : *le Paradis perdu.*

Chacun de ces dessins sera vendu séparément.

269 à 290 — Vingt et un dessins.

Études pour le tableau : *le Paradis perdu.*

Chacun de ces dessins sera vendu séparément.

291 à 296 — Six dessins.

Études pour le tableau : *la Veuve du maître de chapelle.*

Chacun de ces dessins sera vendu séparément.

297 à 306 — Dix dessins.

Études pour le tableau : *Françoise de Rimini.*

Chacun de ces dessins sera vendu séparément.

307 à 313 — Sept dessins.

Études pour le tableau : *le Poète florentin.*

Chacun de ces dessins sera vendu séparément.

314, 314 *bis* et 315 — Trois dessins.

Pour le tableau : *la Naissance de Vénus.*

316 à 338 — Vingt-trois dessins.

Pour le tableau : *le Martyr chrétien.*

Chacun de ces dessins sera vendu séparément.

339 à 352 — Quatorze dessins.

Études pour le tableau : *Moïse.*

Chacun de ces dessins sera vendu séparément.

353 à 374 — Vingt-deux dessins : *les Mois.*

Études pour la décoration de la salle des Cariatides de l'ancien Hôtel de ville.

Chacun de ces dessins sera vendu séparément.

375 à 435 — Cinquante-huit dessins.

Études pour *la Glorification de saint Louis.*

Chacun de ces dessins sera vendu séparément.

436 à 466 — Trente et un dessins.

Études pour *le Triomphe de Flore.*

Chacun de ces dessins sera vendu séparément.

467 à 493 — Vingt-huit dessins.

Études pour le plafond de l'hôtel Say : *les Saisons.*

Chacun de ces dessins sera vendu séparément.

494 à 538 — Quarante-trois dessins.

Études pour la décoration de l'hôtel Péreire.

Chacun de ces dessins sera vendu séparément.

539 — *Judith.*

Dessin.

540 — *La Peinture.*

Dessin.

541 — *L'Étoile du soir.*

Dessin rehaussé.

542 — *La Sulamite.*

Sanguine.

543 — *Vénitien pour le tableau : « Porcia. »*

Crayon noir rehaussé.

544 — *La Naissance de Vénus.*

Sanguine.

545 — Étude pour le tableau : *la Tragédie.*

Dernière œuvre du maître.

547 — Étude pour : *la Phèdre.*

548 — Étude pour le tableau : *Porcia.*

549 — Étude pour le tableau : *Rébecca et Éliézer.*

550 — Étude pour le tableau : *Phèdre.*

Dessin rehaussé de sanguine.

551 — Étude pour le tableau : *la Tragédie.*

Dernière œuvre du maître.

552 — *Le Marchand de Venise.*

Crayon noir.

553 — *Vénus.*

Sanguine.

554 — *Flore.*

Sanguine.

555 — Étude pour le tableau : *Hamlet.*

Crayon.

556 — *Tarquin.*

Crayon noir.

557 — *Phèdre.*

Sanguine.

558 — Étude pour le tableau : *Tamar et Absalon.*

Sanguine.

562 — Étude pour le portrait de M. A.

563 — Étude pour le portrait de Mme C.

564 — Étude pour le portrait de Mme la comtesse K.

565 — Étude pour le portrait de Mme V. L.

566 — Étude pour le portrait de Mme K.

567 — Étude pour le portrait de Mlle B.

568 — Étude pour le portrait de M. M.

569 — Étude pour le portrait de Mme B. M.

570 — Étude pour le portrait de Mme la comtesse C.

571 — Étude pour le portrait de Mlle W.

572 — Étude pour le portrait de Mme M.

573 — Étude pour le portrait de Mme la comtesse K.

574 — Étude pour le portrait de Mme H.

576 — Étude pour le portrait de Mme la princesse C.

577 — Étude pour le portrait de Mme H.

578 — Étude pour le portrait de Mme la duchesse de L.

579 — Étude pour le portrait de Mme la comtesse de C. T.

580 — Étude pour le portrait de Mme la baronne S.

581 — Étude pour le portrait de M. M.

582 — Étude pour le portrait de Mlle J. P.

583 — Étude pour le portrait de Mlle D.

584 — Étude pour le portrait de Mme C.

585 — Étude pour le portrait de Mme L.

586 — Étude pour le portrait de Mlle L.

587 — Étude pour le portrait de Mlle L.

588 — Étude pour le portrait de Mme la marquise d'A.

589 — Étude pour le portrait de Mlle C. N.

590 — Étude pour le portrait de M. R.

591 — Étude pour le portrait de la duchesse de L.

592 — Étude pour le portrait de la duchesse de L. et ses enfants.

593 — Étude pour le portrait de Mme de M. A.

594 — Étude pour le portrait de Mme B.

595 — Étude pour le portrait de la princesse de S.

596 — Étude pour le portrait de Mme de S. R.

597 — Étude pour le portrait de Mme la baronne A. S.

598 — Étude pour le portrait de Mme la baronne de G.

599 — Étude pour le portrait du comte J. de T.

600 — Étude pour le portrait du comte J. de T.

601 — Étude pour le portrait de Mme M.

602 — Étude pour le portrait de Mlle C. W.

603 — Étude pour le portrait de Mme O. B.

604 — Étude pour le portrait de Mlle W.

605 — Étude pour le portrait de Mme W.

606 — Étude pour le portrait de Mme de J.

607 — Étude pour le portrait de Mme G.

608 — Étude pour le portrait de Mme la comtesse de G.

609 — Étude pour le portrait de Mme la comtesse de L. M.

610 — Étude pour le portrait de Mme X.

611 — Étude pour le portrait de Mme X.

612 — Étude pour le portrait de Mme X.

613 — Étude pour le portrait de Mme X.

614 — Étude pour le portrait de Mme X.

615 — Étude pour le portrait de Mme X.

616 — Étude pour le portrait de Mme X.

617 — Étude pour le portrait de Mme X.

618 — Étude pour le portrait de Mme X.

619 — Étude pour le portrait de M. X.

620 — Sept dessins.

Études pour le tableau : *la Fille de Jephté.*

Chacun de ces dessins sera vendu séparément.

621 — Cinq dessins.

Études pour le tableau : *Cléopâtre.*

Chacun de ces dessins sera vendu séparément.

622 — Deux dessins.

Études pour *le Titan.*

623 — Treize dessins divers.

Chacun de ces dessins sera vendu séparément.

624 — *Aglaé et Boniface.*

Sépia.

625 — *Phèdre.*

Dessin rehaussé.

Étude pour le tableau.

626 — *Fuite de Néron*

Dessin rehaussé.

627 — *Ophélie.*
Lavis.

628 — Étude pour : *l'Arrivée à Bethléem.*
Lavis.

629 — Études pour *le Marchand de Venise.*
Lavis.

AQUARELLES

630 — *Dalila.*

631 — *Salomé.*

632 — *Joueuse de guitare.*

633 — *Méroringienne.*

634 — *Étude.*

634 *bis* — *Hamlet.*

635 — *Fragment de décoration pour l'ancien Hôtel de ville.*

636 — *Esquisse du portrait du duc de M.*

637 à 651 — Quatorze aquarelles : *Paysages divers.*

Chacune de ces aquarelles sera vendue séparément.

TABLEAUX

GASPARD LACROIX

652 — *Paysage avec figures.*

Haut., 1 mètre × 1 m. 30 cent.

GASPARD LACROIX

653 — *Le Pêcheur d'écrevisses.*

Haut., 1 m. 34 cent. × 1 mètre.

www.ingramcontent.com/pod-product-compliance
Lightning Source LLC
LaVergne TN
LVHW010002230826
846092LV00002B/607

* 9 7 8 2 3 2 9 5 5 1 2 0 3 *